伟大的博物馆·少年版

阿姆斯特丹凡·高博物馆

李 丁 编著

河北出版传媒集团

河北教育出版社

图书在版编目（CIP）数据

阿姆斯特丹凡·高博物馆 / 李丁编著 . -- 石家庄：
河北教育出版社，2023.8
（伟大的博物馆：少年版）
ISBN 978-7-5545-7700-4

Ⅰ.①阿… Ⅱ.①李… Ⅲ.①凡高（Van Gogh,
Vincent 1853–1890）—美术馆—少年读物 Ⅳ.
① K835.635.72–28

中国国家版本馆 CIP 数据核字（2023）第 043927 号

书　　名	阿姆斯特丹凡·高博物馆	
	AMUSITEDAN FANGAO BOWUGUAN	
编　　著	李　丁	
出 版 人	董素山	
总 策 划	贺鹏飞	
责任编辑	张　静　易　纲	
特约编辑	刘文硕　王兰英	
装帧设计	鹏飞艺术	

出　　版	河北出版传媒集团	
	河北教育出版社　http://www.hbep.com	
	（石家庄市联盟路 705 号，050061）	
印　　制	三河市中晟雅豪印务有限公司	
开　　本	710 mm × 1000 mm　　1/16	
印　　张	8.5	
字　　数	105 千字	
版　　次	2023 年 8 月第 1 版	
印　　次	2023 年 8 月第 1 次印刷	
书　　号	ISBN 978-7-5545-7700-4	
定　　价	32.80 元	

写给读者的话

杭 间

中国美术学院教授 博士生导师
中国美术学院艺术博物馆群总馆长
全国高校艺术博物馆联盟副理事长

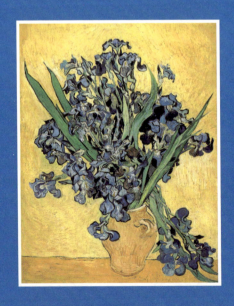

博物馆现在有了全新的定义。从过去仅对奇珍异宝的展示，到今天提倡的文化多元共生的平等交流，博物馆已经成为各国公众最重要的文化参与和交流的场所。这使得博物馆的功能被大大拓展了。

过去我出国考察，博物馆是必去之处，即使时间有限也尽量赶去。后来，由于参与筹建清华大学艺术博物馆和中国美术学院中国国际设计博物馆，我有机会参访了世界上许多著名的艺术博物馆和设计博物馆。那一座座历经岁月磨洗的博物馆建筑，一件件雕塑、绘画杰作以及设计史上的名作，都给我留下了难以磨灭的记忆。

从亚历山大时期建造的第一座珍藏古器物的博物馆，到文艺复兴以及后来所建造的每一座伟大的博物馆，它们都有着独特的起源和历史。从巴黎的卢浮宫到伦敦的大英博物馆，从圣彼得堡的艾尔米塔什博物馆到纽约的大都会艺术博物馆……都是绵长的历史文化的缩影和人类文明再现的文化地标。它们静默不语，却承载着人类艺术的奇迹，成为当代人与历史交流的桥梁和纽带。

现实博物馆的参观总有其局限性。每次我都仔细选择那些印制精良的出版物，不管它们多沉，哪怕航班托运超重，我也要设法带回来。

现在，我们在引进出版了《伟大的博物馆》系列的基础上，又聚焦少年群体，组织编写了《伟大的博物馆·少年版》系列。该系列图书不囿于博物馆本身，在内容编写上融合了博物馆与相关国家、城市的历史文化背景，以及艺术作品与其社会文化背景，使艺术与历史、与文化融为一体。读者既可以欣赏艺术，又可以通过历史叙述思索更多的问题。该系列图书不是简单的艺术普及，而是希望能够帮助少年读者拓宽艺术视野，提高艺术修养，融入世界艺术的大环境之中。因此，出版该系列图书是一件非常有价值的事情。

世界文化尊重多元，这是一个大趋势。在全球化遭遇暂时挫折的时候，中国的少年一代应在中华民族伟大复兴的征程上吸纳世界文化的精华，通过著名博物馆的作品进一步了解西方的文化和艺术，思考中国文化的未来。这样的美育教育对少年来说是非常必要的。

因此，我祝贺该系列图书的出版，并希望其能够成为少年的良师益友，帮助他们放眼未来。

Experimenteren vanuit de traditie Experimentation based on tradition

目　录

走近阿姆斯特丹
凡·高博物馆

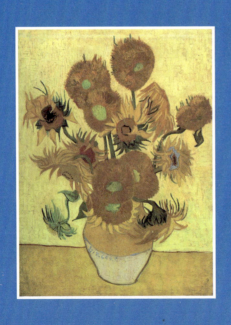

说起凡·高（1853—1890）这位后印象派艺术家，大部分读者应该并不陌生。即便不从事艺术研究的人，也或多或少听说过凡·高与他的传奇人生。这或许要归功于各类艺术家，他们通过创作凡·高传记、拍摄关于凡·高的纪录片、电影来满足人们的好奇心。另外，市面上各种装饰图案、主题文创商品广告所借鉴的"向日葵"与"星夜"元素也印证了大众对凡·高艺术风格的喜爱。无疑，凡·高的艺术人生与他极具视觉冲击力的艺术作品一样，吸引着大家的注意。

世界上以艺术家名字命名的博物馆并不多见，但坐落在阿姆斯特丹的凡·高博物馆却素来享有盛名。其中收藏了凡·高最珍贵的 200 幅画作，约为其全部作品的四分之一，除此之外，还囊括了凡·高的书信。如果要了解凡·高和他的作品，那么凡·高博物馆便是必须造访之地。

当凡·高在创作看似积极阳光的"向日葵"主题作品时，他的身体状况已急转直下。还有以《星夜》为代表的系列作品中的大量场景并非都是描绘他的家乡。我想这些都是开启凡·高博物馆探险之旅的动因。

本书为读者朋友们精挑细选了凡·高不同时期的代表作品，来拼凑凡·高风格多样的艺术地图，以飨读者！

阿姆斯特丹
凡·高
博物馆
是什么?

天才艺术家的世界

凡·高博物馆，顾名思义，就是集中收藏和展示著名印象派画家凡·高作品的博物馆。走进凡·高博物馆之前，我们先来了解一下大画家凡·高吧。

凡·高是荷兰国宝级画家，他的艺术生涯充满了传奇色彩。凡·高从小就表现出了喜欢绘画的天性。他的绘画成就归功于自己的不懈努力与勤奋观察，以及对大自然无限的热爱。凡·高的作品在其生前并不被世人所接受，离世后却广为人知。与同时期专注于描绘现代都市生活的印象派画家不同，凡·高作品的永恒主题是大自然、乡间与农人。畅游艺术之都巴黎是凡·高生命中一段十分重要的经历，但真正让他释放想象力的地方是田野和乡村。究其原因，或许要从其年少时的成长环境说起。

1853 年，文森特·威廉·凡·高出生于荷兰一个牧师家庭。他的父亲是荷兰教会的神职人员，他的母亲来自海牙的一个富裕家庭。荷兰乡村迷人的田园风光与虔诚的宗教气氛，共同编织了凡·高儿时深刻的记忆。重视家庭教育的母亲，注重培养凡·高对艺术的兴趣。除了母亲，家族里三位从事艺术品交易的伯父和叔叔，对凡·高的绘画事业也产生了影响。

16 岁那年，凡·高经伯父介绍进入艺术品交易公司——"古皮尔"的海牙分公司实习，他因为艺术知识渊博，而在这个行业中倍受重视。后来，他却跟随父亲从事了传教工作。但凡·高性格善良，他经常把自己的东西送给别人，以至于穷到日子都过不下去了。他的父母十分不理解他，觉得他没有出息。

阿姆斯特丹凡·高博物馆内景

直至 27 岁，凡·高才开启他的画家生涯。他在绘画中找到了自己活着的意义。细细数来，凡·高真正当"画家"的时间并不长，大概只有十年。他充满激情，不断创作，画了大约 2000 幅作品。

大约在 23 岁时，凡·高开始自学绘画。由于工作的原因，他当时被派往英国伦敦。住在伦敦时，他不断地绘制人物素描，并痴迷于临摹法国艺术家让－弗朗索瓦·米勒的作品。受其影响，凡·高逐渐将自己描绘体力劳动者的兴趣付诸实践。有一段时间，米勒的《播种者》成为凡·高寻找自身创作方向的主要参照。

离开伦敦后，凡·高搬往比利时的埃诺省。在那里，他租下一间画室，开始高强度的素描练习，尝试着画风景和静物等不同题材，还学习版画和油画的创作技法。在保存下来的炭笔速写稿中，《暴风雨天空下的斯赫弗宁恩的海滩》是一幅比较有代表性的风景画，展示了他色彩运用的高超技巧，显示了他高度的敏感性和异于常人的分析能力。

随后，他前往比利时的安特卫普，研究美术馆中的大师画作，由于他表现出众，甚至被安特卫普美术学院录取。然而，凡·高狂放不羁的个性，没能让他在学院中待太久。1886 年，他来到了巴黎。在此之前，他只是从弟弟提奥的口中听说过印象派，巴黎之行却让他结交了很多印象派的朋友。受修拉等印象派核心人物的影响，凡·高的绘画风格越来越成熟。可是，到了第二年，凡·高开始厌倦巴黎的都市生活，便搬到法国南部的乡村居住。南部乡村的绝美风景与当地的温暖气候，让他感到无比慰藉。从此，他进入了创作的高峰期。

播种者（临摹自米勒作品）
文森特·威廉·凡·高
1881 年　48.1cm×36.7cm　羔皮纸素描
藏于阿姆斯特丹凡·高博物馆

播种者（临摹自米勒作品）
文森特·威廉·凡·高
1888 年　64cm×80.5cm　布面油画
藏于奥特罗克罗勒－穆勒博物馆

暴风雨天空下的斯赫弗宁恩的海滩
文森特·威廉·凡·高
1882年　34.5cm×51cm
布面油画
藏于阿姆斯特丹凡·高博物馆

凡·高在比利时埃诺省时住过的房子

1888 年，凡·高到地中海沿岸写生，因为酗酒，他得了一场病。弟弟提奥十分担心凡·高的身体状况，将他送回了阳光明媚的阿尔勒。他将在那里进行疗养。其间，他典型的画风得以形成，尤其是对色彩的运用。亮黄色是他作品中最常见的色彩。各式各样的果树和金灿灿的麦田也是他这一时期作品的重要主题。其中的代表作有《阿尔勒的鸢尾花》。

这年秋天，乐于向友人分享的凡·高劝说他的好友、画家高更来到阿尔勒。拉马丁广场的"黄房子"就是他们的"画室"。二人在这里畅所欲言，切磋技艺，但对于艺术的不同理解让他们之间发生了争吵。高更因此愤怒离开。由于极度的失望和伤心，凡·高将自己的一只耳朵割了下来。

凡·高的艺术生涯可谓挫折不断。与父母的关系僵化、情感路途的频频失意以及挚友高更的离开，这些都让绘画成为凡·高生活中唯一的情感寄托。可从他的画作中，我们并没有看到过多的感伤与忧郁，而更多的是他从艰辛的生活中所汲取的力量。

此后，凡·高的身体状况日益堪忧，但他仍忍着病痛的折磨创作出了大量名作，其中著名的《星夜》就是在这一时期完成的。除了创作，他还临摹了米勒、德拉克洛瓦和伦勃朗等著名艺术家的作品。病痛并未阻碍其绘画风格趋于成熟，即便是临摹大师们的作品，也都带有强烈的个人特色。这一阶段的凡·高对自己的绘画更加自信。1890 年，小侄子文森特降生。得知这个消息的凡·高非常开心，并为他创作了《盛开的杏花》作为礼物。这幅画带给了观者无限希望。可他的创作者——癫痫反复发作的凡·高却陷入了绝望，导致他在 37 岁时结束了自己的生命。他的弟弟提奥因悲伤过度，也在次年逝世。

凡·高的一生虽然很短暂，可他留下来的大量画作与书信，足够让人们认识这位视绘画为生命的艺术家。从他的创作中，观众可以感受到印象派画家对色彩运用的探索，以及情感与绘画相融合的表现方式。时至今日，凡·高那充满想象力与创造力的绘画风格仍对世界艺术产生着深远的影响，而凡·高博物馆就是这样一座记录了凡·高短暂而辉煌的一生的博物馆。

阿尔勒的鸢尾花
文森特·威廉·凡·高
1888 年　54cm×65cm　布面油画
藏于阿姆斯特丹凡·高博物馆

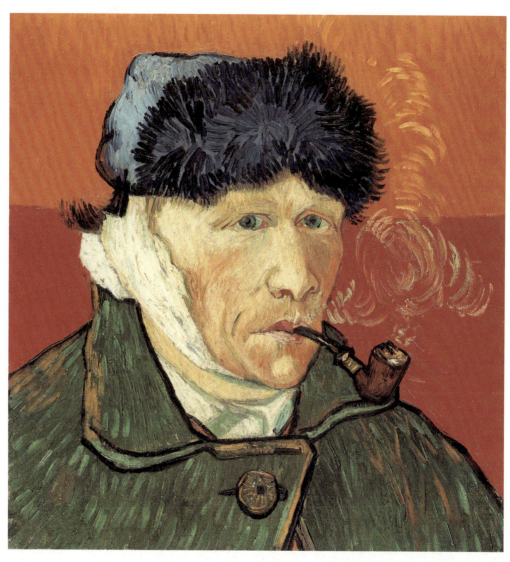

耳朵缠着绷带、叼着烟斗的自画像
文森特·威廉·凡·高
1889 年　51cm×45cm　布面油画
私人收藏品

星夜
文森特·威廉·凡·高
1889 年　73cm×92cm　布面油画
藏于纽约现代艺术博物馆

凡·高家族的献礼

凡·高博物馆中收藏了 200 幅凡·高艺术创作黄金时期的珍贵画作，这些画作约占到了凡·高全部作品的四分之一，其中最著名的是《向日葵》和《星夜》。博物馆中还收藏了凡·高所有的书信，以及凡·高和弟弟提奥收藏的日本浮世绘和一些其他画家的作品，如高更为凡·高所作的肖像画《凡·高肖像》，以及高更的自画像。

随着凡·高和他弟弟提奥的相继去世，提奥的妻子乔安娜继承了堆积如山的油画和素描，还有凡·高留给侄子文森特的几百封信。本来，乔安娜对凡·高并不熟悉，但在她读过凡·高的信件之后却被深深触动了——凡·高的人生和创作深深吸引了她。从此，乔安娜勤奋刻苦地整理着凡·高的一切，她想让世界了解凡·高。她经常将凡·高的作品借出去展览，后来又将 652 封信件汇总成三卷书信集。

1927 年，乔安娜去世。已经成为出色的画作修复技术人员的儿子文森特继承了这些画作和书信。

"二战"爆发后，文森特担心这些画作散落各处，便向阿姆斯特丹政府求助，希望为他捐出的艺术藏品提供收藏场所。1960 年，凡·高基金会成立。1962 年，由荷兰政府负担经费，阿姆斯特丹市政府提供土地，决定建造博物馆。1963 年，凡·高博物馆开工，荷兰建筑师李特维德担任设计师，文森特也积极参与设计。1973 年，凡·高博物馆正式开放。文森特将家里凡·高的作品全部搬到了博物馆。

外形方方正正的阿姆斯特丹凡·高博物馆

花园里的恋人：圣皮埃尔广场
文森特·威廉·凡·高
1887 年　75cm×113cm
布面油画
藏于阿姆斯特丹凡·高博物馆

郁金香花圃
文森特·威廉·凡·高
1883 年　48.9cm×66cm　布面油画
藏于华盛顿国家美术馆

花园
文森特·威廉·凡·高
1888 年　72cm×91cm
布面油画
藏于海牙市立美术馆

荷兰的艺术中心

荷兰是一个风景优美的国度。那里的原野上有大片的风车，有全世界人民喜爱的种类繁多的郁金香；道路两旁挤挤挨挨的房子都有高高的尖顶；商店里还可以买到香醇美味的奶酪和走路时发出咔咔声的木鞋子。

正是这般美好的风土人情，让荷兰诞生了众多著名的艺术家，如伦勃朗、维米尔等，他们的作品不仅让后来的画家获益良多，也让这个国家充满了艺术气息。阿姆斯特丹作为荷兰的首都，也是荷兰的文化中心，集中了来自各地不同时期的优秀画作。

17 世纪是荷兰文化和艺术发展的"黄金时期"。伦勃朗和维米尔都是活跃于那个时代的伟大艺术家，他们为油画的发展做出了巨大的贡献。伦勃朗是一位非常有趣的画家，他和凡·高一样，都喜欢画自画像。他们是全世界自画像最多的两位艺术家。在他们那个时代，照相不像今天这么方便。这些自画像让我们看到了他们一生中每个阶段的样子。

阿姆斯特丹的艺文广场上有绿地通道相连的三座知名建筑交相呼应。其中的阿姆斯特丹国家博物馆收藏着来自世界各地的优秀艺术作品，包括17 世纪荷兰艺术家伦勃朗的《夜巡》和与伦勃朗齐名的画家维米尔的《倒牛奶的女仆》。之后是阿姆斯特丹市立美术馆。与国家博物馆的古典艺术

阿姆斯特丹艺文广场

阿姆斯特丹市立美术馆

阿姆斯特丹国家博物馆

夜巡
伦勃朗
1642 年　363cm×437cm　布面油画
藏于阿姆斯特丹国家博物馆

气息相比，市立美术馆更偏重当代艺术品的收藏，包括从表现主义到荷兰风格派的重要作品，可与纽约现代美术馆、伦敦泰特美术馆和法国蓬皮杜艺术中心相媲美。最后，也是重头戏——阿姆斯特丹凡·高博物馆。作为艺文广场上最受大众欢迎的参观景点，凡·高博物馆完整收藏了凡·高从开始学习画画到逝世前的每一个阶段的作品以及 750 多封书信，供人们了解与研究凡·高的艺术思想与创作理念。

草地上的"灰房子"

如今凡·高博物馆更是成为世界上参观人数最多的博物馆之一。为了给观众带来更好的参观体验，博物馆的扩建工作也逐渐提上了日程。

凡·高的侄子文森特·威廉被冠以"工程师"的称号，在博物馆的创建过程中起了关键作用。他把设计博物馆的任务交给了荷兰风格派的代表人物，经历了几次设计师的更替，这座内部宽敞明亮的现代建筑也初具规模。

1999年，侧翼的扩建给博物馆内部空间注入了新的活力。扩建后，博物馆的面积增大了一倍，共分为五层：一层和四层用来展出与凡·高同时期的艺术大师们的作品，二层专门陈列凡·高本人的画作，三层是信息化咨询中心和教学展示场所，地下一层则提供设备先进的讲授礼堂。

操刀设计的日本建筑师黑川纪章将东方的含蓄色调"老鼠灰"融入其中，这让博物馆从远处看就好像一幢大大的"灰房子"。这样的建筑风格与凡·高深受浮世绘等东方艺术影响的绘画风格相得益彰。

阿姆斯特丹凡·高博物馆外景

鸟瞰阿姆斯特丹凡·高博物馆

游客正在参观阿姆斯特丹凡·高博物馆

风格派建筑

~~~~~~

小链接

~~~~~~

　　追求抽象极简的风格派，是20世纪荷兰最重要的艺术流派。代表人物为蒙德里安和凡·杜斯堡，其艺术风格不仅体现在绘画作品中，还广泛涉及建筑、雕塑、平面设计等诸多艺术领域。更重要的是，风格派逐渐成为荷兰现代艺术的代表。

时代的缩影

在牧师家庭中长大的凡·高兄弟，还有三位画商伯父和叔叔。凡·高的弟弟提奥在巴黎的画商生涯开始于在伯父海因·凡·高公司就职时，起初并非一帆风顺。在凡·高到达巴黎后，提奥的艺术品位逐渐提升。他时常混迹于当时那些声名鹊起的印象派艺术家中间，而他们也认为提奥值得信赖。

提奥活跃于艺术品市场，见证了 19 世纪印象派艺术的兴盛。作为一位成功的画商，他不只为印象派的艺术家们提供服务，还兼顾写实主义绘画的买卖。

今天，我们能在凡·高博物馆看到高更、莫奈、西涅克、毕沙罗等印象派代表艺术家的作品，提奥功不可没。除了印象派的作品，博物馆还收藏了写实主义、后印象主义和象征主义等画派画家的作品。提奥的艺术画商身份，为凡·高博物馆的现代艺术收藏奠定了基调，也扩大了收藏规模。

就这样，凡·高兄弟二人以各自不同的方式投身艺术，他们之间经常相互鼓励。凡·高时常在信中对弟弟提奥给予艺术鉴赏上的指引，鼓励他依照自己的想法来欣赏艺术作品。而提奥也用自己在事业上的成功，支持着这位他始终尊敬的兄长。

为了让世人更加了解提奥，1999 年夏天，博物馆还举办了有关提奥收藏的展览。提奥的收藏呈现了一个时代的缩影。

凡·高的弟弟提奥

印象派是出现在 19 世纪 60 年代的法国的一个艺术流派。之前的画家喜欢直接画出清晰的边界作为轮廓线，而印象派的画家则不再画出边界，而是依靠不同色彩之间的对比关系来衬托出所画物体的形象。

法国画家莫奈被认为是印象派最早的代表人物。"印象派"这个名字也是从《印象·日出》来的。由这幅画也可以看出，印象派所关注的不是画面的完整性，而是结合环境，比如光线、水汽和烟雾等，再现景象的即时样貌。

另一位法国画家洛兰，他生活的年代比莫奈早大约二百年。在其作品《港口日落》中，人、船和海岸，甚至连云和海浪都是勾画出来的。从画面中，我们能够看到清晰的边界。

印象·日出
克劳德·莫奈
1872 年　48cm×63cm　布面油画
藏于巴黎马蒙丹－莫奈美术馆

港口日落

克劳德·洛兰

1639 年　103cm×137cm

布面油画

藏于巴黎卢浮宫

阿姆斯特丹
凡·高
博物馆
有什么？

阿姆斯特丹凡·高博物馆展厅

吃土豆的人

文森特·威廉·凡·高（1853—1890），荷兰后印象派画家。代表作有《星夜》、自画像系列、向日葵系列等。

1885 年
82cm×114cm
布面油画

戴着白色帽子的女子用餐叉取用土豆的粗糙的手，表现出农耕生活的艰辛

白天在田间辛苦劳作的一家人，此时正围坐在小木桌旁，吃着刚刚从地里挖出来并烹煮好的土豆。茶杯冒出的腾腾热气，勾勒出前景中这个女孩儿的身形，给我们留下一个黑黝黝的背影。在木屋中幽暗的黄色灯光的映衬下，其余四个人的神态都清晰地展现在我们眼前。画面左边刚刚拿起餐刀的两个人，还有托着茶杯侧过身体的老奶奶，都将观看者的视线引向画面最右边——一位农妇正在为大家斟茶。画面中，灯光昏暗，我们无法看清这一家人的样貌，但他们的神色和表情都显得那么憔悴。

这是凡·高第一幅成熟的作品。在很长一段时间里，凡·高自己也觉得这是一件非常成功的作品。为了仔细琢磨农民的形象、言谈举止，还有日常生活，凡·高住在海牙周边的农村，每天观察这些"模特"。这些人物并没有俏丽或英俊的面庞，也没有穿着漂亮且华贵的衣服，却是凡·高眼中朴实的荷兰农民最真实的样子。凡·高以旁观者的身份画出了一家人的悲惨境遇。

画面中，低矮的房顶、狭窄的空间，一家人紧凑地坐在餐桌前，使整个画面显得很拥挤。灰暗的色调，给人以沉闷、压抑的感觉。画面看起来也是脏兮兮的色调，对当时的观众来说是无法理解的事情。能选的颜色那么多，为什么凡·高一定要用这么不讨人喜欢的色调来表现农民呢？凡·高自己解释说，他一点也不想画外表光鲜亮丽的农民。画中那些仿佛是"用他们耕种的土画的"农民，就是凡·高眼中农民最真实的样子。对于真实地画出亲眼所见的场景的追求，让凡·高找到了自己的绘画风格——即使是在看起来黑漆漆的背景上，也能让人物鲜活起来。

秋天是收获土豆的季节，像这些自食其力的农民一样，凡·高也凭借着

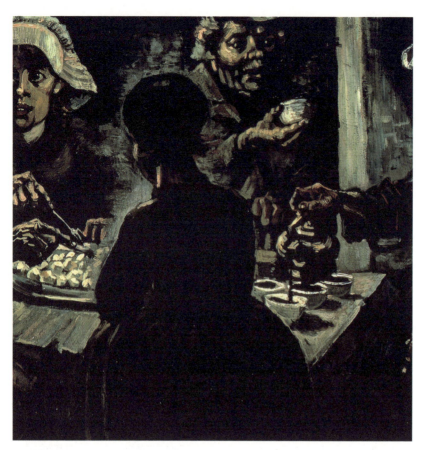

被腾腾热气勾勒出的小女孩儿的背影

自己的努力收获了第一张佳作。他在这幅画作中加入了自己的主观情感，这家人虽然很穷，但却是那样的安详和平静，不禁让观者对人生和命运产生无限的感慨。

凡·高博物馆还收藏着另外一幅名为《农妇》的画作，这幅作品与《吃土豆的人》创作于同一年。仔细看看，画中这位 30 多岁的女子，是不是也出现在了《吃土豆的人》里呢？

农妇
文森特·威廉·凡·高
1885 年　42.7cm×33.5cm
布面油画
藏于阿姆斯特丹凡·高博物馆

小链接

　　摄影术发明之前，人们若想留存自己的形象，就会请画家为自己画肖像。欧洲的肖像画自文艺复兴时期开始发展，画中的人物通常以王公贵族为主。许多画家都曾受委托，为国王、教皇或社会名流画像，例如荷兰黄金时代的两位大画家弗兰斯·哈尔斯与伦勃朗都以绘制肖像画闻名。

　　凡·高在创作《吃土豆的人》之前，曾受到伦勃朗的启发，画了很多幅肖像画。与往昔画家不同的是，凡·高让农民成为肖像画中的主角，他不再按照先前的肖像画惯例，将模特主观美化。相反，凡·高尽力呈现的，就是他眼中农民那朴实又美丽的样子。

铃鼓咖啡馆桌前的女人

文森特·威廉·凡·高（1853—1890），荷兰后印象派画家。代表作有《星夜》、自画像系列、向日葵系列等。

1887 年
55.5cm×47cm
布面油画

端坐在画面中央的女人神态自然，表情平静。与凡·高早期作品的风格截然不同，这幅画的色彩绚烂到几乎要溢出画面之外。近景中最抢眼的红色，来自那张带有特殊纹样的咖啡桌。画面中，变了形的咖啡杯通过画家的简单勾勒成了我们现在看到的透明的玻璃杯，里面盛满了咖啡。用铃鼓制成的咖啡桌，是这家咖啡馆的特色，也是店名的由来。

铃鼓是一种比较古老的乐器，用木头或金属制作，一面覆盖着牛皮或羊皮制作的鼓膜，侧边镶嵌着多组金属片。敲打铃鼓时，金属片相互碰撞发出清脆的声音。有时表演者也通过摇动鼓身来演奏。铃鼓也因此被称为"手鼓"。

热情的铃鼓和画面右上角的日本版画，醒目的红色与蓝色交相呼应，衬托出画中的主角：咖啡馆的老板娘。这是一位非常特别的女子。她在巴黎的街边开了这家不起眼的小咖啡馆，也许并没有赚到很多钱，却热情地支持着当时像凡·高一样的落魄艺术家们，甚至免费为穷困的画家当模特。凡·高常常去这家咖啡馆吃饭，或者把自己的作品放在店里展出。

铃鼓

日本浮世绘风格版画

这幅画可能就是他某次光顾这家咖啡馆时画下来的。

这位以黑色和棕色为主色调描画的女主角险些退到背景里去，幸好头饰上那亮眼的红色发饰又将她拉回到我们眼前。可仔细观察老板娘的五官就会发现，凡·高好像把她的侧脸与正脸拼接在了一起。他让我们看到的是一位右眼高于左眼、有些像侧面、又有些像正面的"多面女郎"。奇怪，难道是凡·高不小心画错了吗？

不同于结构稳定、五官分明的"吃土豆的人"，这位"多面女郎"好像是

女子头上亮眼的红色发饰

变了形的咖啡杯通过画家的简单勾勒，成了我们现在看到的透明的玻璃杯，里面盛满了咖啡

从当时盛行的印象派作品中走出来的。此前，他也只是听说过印象派。但这幅画从主题的选择到女主角几乎呈平面的轮廓，人们从中都能看出印象派风格的痕迹。

此时的巴黎是现代艺术之都，后人熟知的写实主义、印象派艺术家们都在这里的大街小巷徜徉。咖啡馆、酒吧等娱乐场所更是印象派作品中常见的主题之一。凡·高对色彩的执着探究，让他与印象派结缘。尽管自然的田间野趣被都市的浮华生活取代，但凡·高探索艺术之路的脚步却不曾停止。

日本画：花魁

文森特·威廉·凡·高（1853—1890），荷兰后印象派画家。代表作有《星夜》、自画像系列、星夜系列等。

临摹自溪斋英泉
1887 年
100.7cm×60.7cm
布面油画

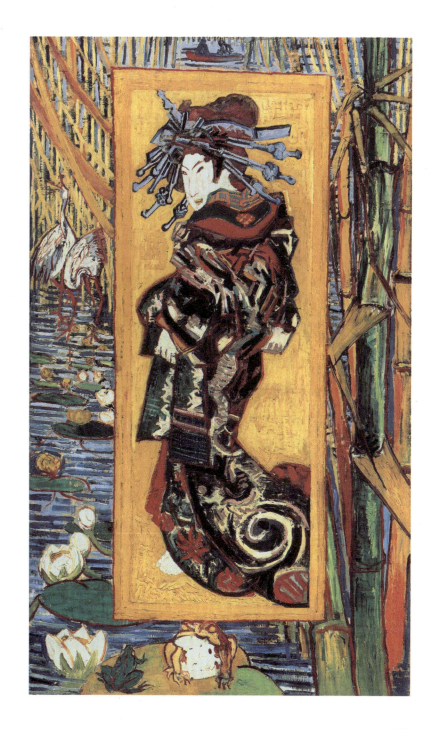

这是一幅凡·高临摹日本浮世绘的画。画面中央，一位身着和服的舞女，体态婀娜，正在转头莞尔。舞女所在的画框外，是一派生机盎然的自然风光。你看，那对仙鹤，一身雪白的羽毛和纤细优雅的长腿，是不是漂亮极了！还有盛开的睡莲和含苞待放的花骨朵、笔直的竹子、远处的小木船、近处的两只青蛙等都极具东方色彩。画家以亮黄色为背景，用红色和绿色搭配的服饰衬托舞女的形态。无论从哪个角度观看，这幅人物画都既具有平面性又富有装饰意味。但凡·高并没有照搬原作。据说原画背景中的花枝被凡·高用竹子替代了。

巴黎给予凡·高的不只有印象派，还有日本艺术的冲击。顾名思义，浮世绘指的是描绘世间生活百态的画作，以木刻版画形式居多。19世纪，随着日本与欧洲贸易的往来，浮世绘作为日本具有代表性的艺术形式逐渐成为一种彰显东方情调的时尚，并在巴黎的现代艺术圈内流行开来。凡·高和提奥可谓日本艺术的忠实爱好者。凡·高博物馆中收藏的400多幅日本版画，都来自兄弟俩的收藏。"多面女郎"开的那家铃鼓咖啡馆，也是他们二人经常举办日本版画展的地方。

凡·高到底有多喜爱日本版画呢？单看他临摹了多少张"日本画"就知道了。从未去过日本的凡·高购买了大量浮世绘作品，进行钻研和学习。除了这张《日本画：花魁》，他还画了《唐吉老爹》《日本画：梅树开花》《雨中的桥》等。浮世绘中强烈的色彩对比和对人物、自然的细节再现，深深吸引着凡·高。沉迷于日本版画，这对他日后的画风影响很大。

身着和服的舞女，体态婀娜，正在转头莞尔

你看，那对仙鹤，一身雪白的羽毛和纤细优雅的长腿，是不是漂亮极了

盛开的睡莲和含苞待放
的花骨朵

两只可爱的青蛙

背景中的小木船，船上似乎还坐着三个人

19 世纪中期，欧洲开始从日本进口茶叶。而茶叶包装纸上的浮世绘图案传入欧洲，对当时的印象派艺术家们产生了很大影响。欧洲甚至兴起了一股浮世绘风潮，这对后来的新艺术运动有所启发。可以说，凡·高是受浮世绘影响最大的欧洲艺术家，他先后临摹过多幅浮世绘作品。与欧洲传统绘画强调立体感的透视风格不同，浮世绘的装饰性、平面设计感独具特色。

在阿姆斯特丹凡·高博物馆中，还收藏着另外一幅凡·高的临摹作品——《日本画：梅树开花》。我们来看看这两幅模仿浮世绘风格的画有什么异同，你能在这两幅画中找出几种东方元素？

唐吉老爹
文森特·威廉·凡·高
1887 年—1888 年　92cm×75cm　布面油画
藏于巴黎罗丹美术馆

日本画：梅树开花（临摹自歌川广重）
文森特·威廉·凡·高
1887 年　55.6cm×46.8cm　布面油画
藏于阿姆斯特丹凡·高博物馆

自画像

文森特·威廉·凡·高（1853—1890），荷兰后印象派画家。代表作有《星夜》、自画像系列、向日葵系列等。

1887 年—1888 年

65.1cm×50cm

布面油画

眼前这幅肖像画的主角，既不是荷兰乡间的农民，也不是咖啡馆的老板娘，而是凡·高本人。画中的凡·高微微皱着眉头，深邃的目光直直地看向面前的画板，似乎在思考什么难题。手上的画笔和面前只露出一角的画板告诉我们，他画的正是此刻在认真作画的自己。虽然画家绘制自画像的历史由来已久，但凡·高的这幅自画像并非仅仅呈现了他的形象。正如他在信中和妹妹提到的那样，这幅自画像比照片更"真实"，因为它真实地表达了凡·高内心的想法。凡·高是遇到什么烦心事了吗？

1888 年，凡·高厌倦了巴黎的都市生活，搬到了法国南部的乡村。这幅自画像刚好描绘了他搬家前的心境。不过，凡·高也并不总是画自己发愁时的样子。在他画的 30 多幅自画像中，他还画过自己戴着帽子和抽着烟斗的形象。与其说凡·高画自画像是为了抒发情感，倒不如说，他付不起雇用模特的费用，而选择画镜子里的自己进行练习。

然而，即使是画忧心忡忡的自己，凡·高依然选择金黄色为主色调。他用金黄色夹杂着各种颜色画头发，用金黄色画眉毛，用赭石色夹杂着一点儿金黄色画浓密而略显杂乱的胡须。乐观的凡·高仿佛在用这一缕缕阳光般灿烂的黄色提醒自己：烦恼总会过去，要积极地面对生活中那些让人烦恼的事情。背景中坚实的灰白色墙壁，和以金黄色调为主的自画像，反映出他对暖色调的把控能力，更体现出他对互补色的灵活运用。如此看来，凡·高的绘画技巧已经成熟。

就像这温暖的黄色预示的那样，住在法国南部乡村阿尔勒的凡·高迎来了自己的创作高峰期。

他用金黄色夹杂着各种颜色画头发，用金黄色画眉毛，用赭石色夹杂着一点儿金黄色画浓密而略显杂乱的胡须

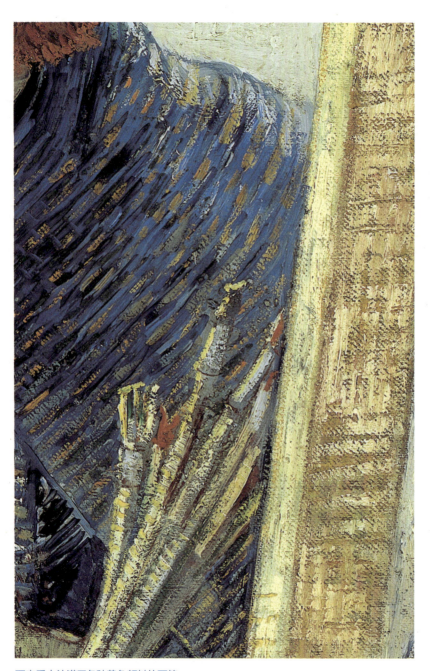

画家手中沾满了各种黄色颜料的画笔

画架前的自画像
伦勃朗
1660 年　111cm×90cm
布面油画
藏于巴黎卢浮宫

艺术家们是怎样画自画像的呢？在西方绘画史中，文艺复兴时期就有自画像出现。画家们利用镜子来画自己，有的还穿戴不同的服饰、扮演不同的角色。早期的自画像完全专注于面部，后来画面中出现了工作场景，才有了画家手持调色盘面对画架创作的形象。《画架前的自画像》是伦勃朗的自画像，据说这是凡·高 1888 年创作自画像的灵感来源。

凡·高博物馆中还收藏着凡·高更早时候画的《戴深色毡帽的自画像》《戴灰色毡帽的自画像》，加上本文介绍的 1888 年的《自画像》，这是凡·高在连续三年中画的自己。我们一起来看看这三年凡·高眼中的自己有什么变化。

戴深色毡帽的自画像
文森特·威廉·凡·高
1886 年—1887 年　41.5cm×32.5cm　布面油画
藏于阿姆斯特丹凡·高博物馆

戴灰色毡帽的自画像
文森特·威廉·凡·高
1887 年　44.5cm×37.2cm　布面油画
藏于阿姆斯特丹凡·高博物馆

拉克罗平原上的收割

文森特·威廉·凡·高（1853—1890），荷兰后印象派画家。代表作有《星夜》、自画像系列、向日葵系列等。

1888 年

73.4cm×91.8cm

布面油画

073

这幅画是凡·高创作的另外一个系列作品——麦田系列中的《拉克罗平原上的收割》，描绘的是拉克罗平原上的收割景象。画面中，由近及远，最前端是两道金色的麦浪，用红色与黄色线条画成的麦穗和麦秆看起来更加立体。麦田一直延伸到远方，其间几块绿油油的菜地、农民、马车、茅草屋、农舍和谷仓，还有收割过的土地，夹杂着数笔白色的线条，将麦田置于下方。几位农民正在田间耕作，他们要把收获的粮食运回村庄。最远处是用深蓝色勾画出的阿尔卑斯山脉。蓝绿色的天空下，一片繁忙但让人充满希望的法国南部阿尔勒镇夏季乡村景象尽收眼底。可以想象，画家在创作这幅画时是怀着多么愉悦的心情。

凡·高在法国南部阿尔勒镇这一段时间的生活，让他重拾了描绘乡村景色的热情。他把这份情感完美地融进画中，传达给每一个看到这幅画的人。从小在欧洲北部长大的凡·高，不断地向提奥提起南部地区是如何风景如画、五彩缤纷，清新的空气，大自然明快的色彩，还有当地人漂亮的衣着。不管巴黎的都市生活怎样繁华，凡·高还是对乡间写生情有独钟，尽管在这样的环境中画画，有着常人无法想象的艰辛。画家写生时忍受着夏季的烈日、蚊虫的骚扰，还要与频繁出现的大风搏斗。凡·高每次写生都需要全副武装，也难怪他打趣说，背着画架、画笔到处走的自己就像一只忙碌的"刺猬"。

写生条件虽不理想，但面对着总能给自己带来无限灵感的大自然，凡·高还是疯狂地画着。为了记录这般景象，他用金黄色、硫黄色、柠檬黄，雀跃地进行着配色实验。或许正如凡·高说的那样，"艺术是人类接近自然的形式"。

最前端是两道金色的麦浪，用红色与黄色线条画成的麦穗和麦秆看起来更加立体

几位农民正在田间耕作，他们要把收获的粮食运回村庄。最远处是用深蓝色勾画出的阿尔
卑斯山脉

在画这幅画的同一年，凡·高用一个月画了十几幅果树题材的画。其中最著名的，如《粉红色的果园》和《白色的果园》。南方的植物让凡·高着迷，他时刻想用自己的画笔画下这些大自然的馈赠，盛开着鲜花的果树也象征着他这一时期的创作高峰。在向印象派学习之后，凡·高更加注重对色彩与光线的把握。有兴趣的话，可以将两幅果树系列作品和《拉克罗平原上的收割》对比一下，看看画面中的光影变化与之前的作品有何不同。

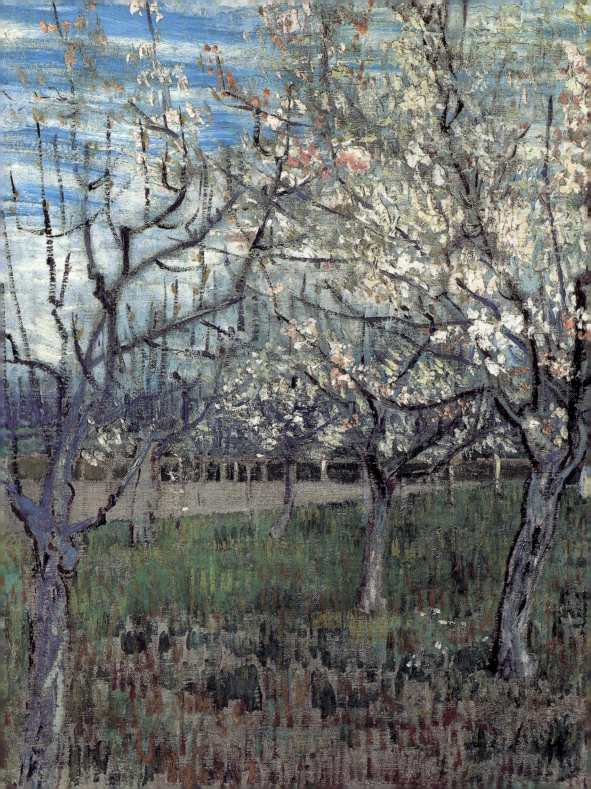

粉红色的果园
文森特·威廉·凡·高
1888 年　65cm×81cm　布面油画
藏于阿姆斯特丹凡·高博物馆

白色的果园
文森特·威廉·凡·高
1888 年　60cm×81cm　布面油画
藏于阿姆斯特丹凡·高博物馆

阿尔勒古罗马圆形竞技场

小链接

位于普罗旺斯大区西南部的阿尔勒镇，在凡·高眼中就像他在日本画中看到的那样，天朗气清，色彩明快。镇上的自然风光与形形色色的人们都带给他无限的创作动力。春季万物复苏之时，凡·高被繁花盛开的各类果树吸引，创作了果树系列作品。

如今，此地因凡·高曾在这里画下了上百张美丽的风景画而闻名，镇上的许多旅游景点也都是以凡·高的作品为参照打造的。对于生活在现代都市的人们来说，阿尔勒无疑是形态小巧的小镇，可只要试着穿梭在拉马丁广场和零零散散的咖啡馆、餐厅之间，便能感受到凡·高初来时的心境。除此之外，还可以在阿尔勒领略古罗马圆形竞技场、露天剧场等历史古迹的风采。橙色的阳光、蓝绿色的海水、深蓝色的阿尔卑斯山脉，这些迷人的景色都吸引着人们沿着凡·高的足迹前来参观游玩。

黄房子（道路）

文森特·威廉·凡·高（1853—1890），荷兰后印象派画家。代表作有《星夜》、自画像系列、向日葵系列等。

1888 年
72cm×91.5cm
布面油画

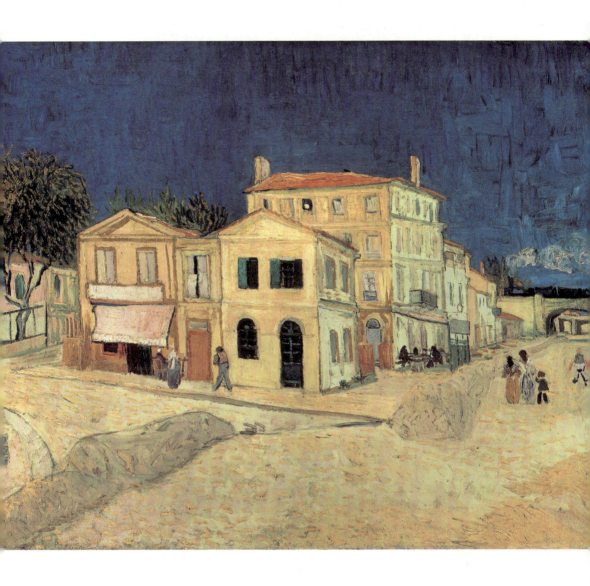

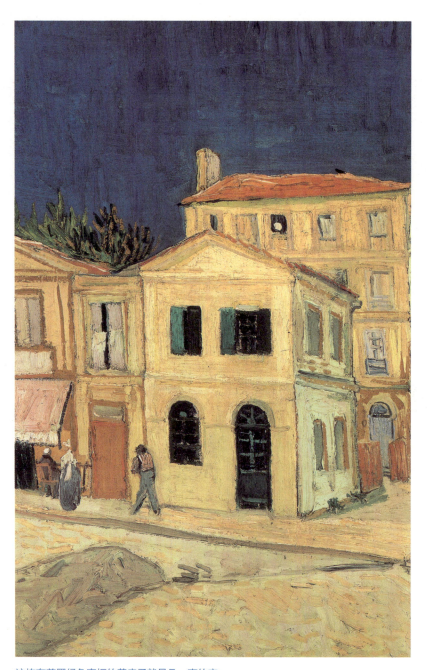

这栋有着墨绿色窗框的黄房子就是凡·高的家

画面中，整齐排列在道路一旁的房屋也被凡·高涂上了各种黄色，其间点缀着深浅不一的橘红色、绿色。深蓝色的天空告诉我们，这可能是傍晚时分的小镇一角。画面右侧的大桥上，行驶的火车隐没在黑暗中，只留下一片滚滚的浓烟，平添了一份日常气息。暮色的笼罩下，镇上的人们三三两两地走在路上。尽管凡·高并没有把这些人画得很清楚，但他们色彩鲜亮的穿着依然很显眼，透露出一丝法国南部的风情。不光是阿尔勒的乡村，即使小镇广场的一角在凡·高眼中也是金灿灿的。刚到阿尔勒，凡·高便租下了一个房间作为自己临时的"家"。

你能猜到哪一栋是凡·高昔日的住所吗？

画面中，这栋有着墨绿色窗框的黄房子，就是凡·高当时的居所。陶醉在南部田园美景中的他迫不及待地呼朋唤友前来写生，同他们分享这不可多得的景色，同时一起切磋绘画技艺。

其中包括两位印象派画家，他的好友保罗·西涅克和高更。从西涅克口中得知，拉马丁广场的黄房子就是凡·高的家。一直希望可以拥有自己的家的凡·高，热情又率真，他十分乐意在这里招待朋友。不仅如此，他还向提奥提过成立画家

保罗·高更（1891 年）

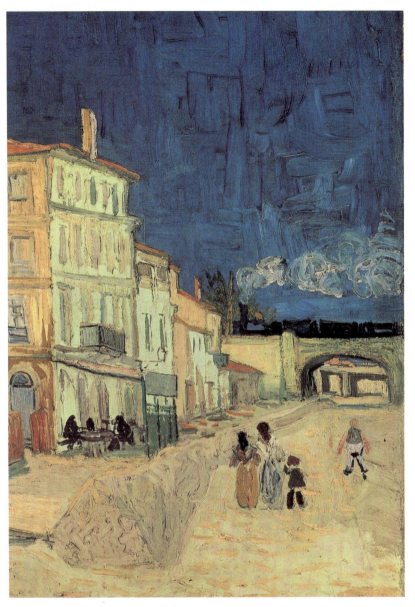

大桥上行驶的火车隐没在黑暗中，只留下一片滚滚的浓烟。即使在暮色的笼罩下，出行人的穿着依然色彩鲜亮

联合会的想法，甚至起了一个名字，叫"南方画室"。或许，这间黄房子是他实现自己这个理想的第一次尝试。

继西涅克参观凡·高的家之后，高更也在这里住了一段时间。其间，二人不仅探讨有关绘画的技法，还互相为对方画肖像画。在这段"金黄色"的时期，凡·高不断地探索新的主题。

小链接

1886 年，凡·高初到巴黎，恰逢印象派在巴黎声名鹊起。印象派对色彩、光影的大胆尝试，吸引了原本就对用色十分考究的凡·高。借着在巴黎画室求学的机会，他结交了当时印象派的几位画家，如埃米尔·伯纳德、亨利·德·图卢兹 - 罗特列克和乔治·修拉。尽管凡·高没有真正融入印象派的圈子，但对他们的绘画技法很是欣赏。他还能在经常光顾的唐吉老爹画廊里看到雷诺阿和塞尚的作品。可以说，印象派的几位特点鲜明的艺术家对凡·高后期作品的色调和绘画技法产生了深远影响。

好友西涅克的点彩技法与高更的象征性风格，更是让凡·高深有共鸣。可惜的是，现实中的黄房子因在战时被损坏而拆除。但我们仍然能从凡·高的笔触和风格中看到印象派的影子，和他对"艺术家之家"的渴望。

卧 室

文森特·威廉·凡·高（1853—1890），荷兰后印象派画家。代表作有《星夜》、自画像系列、向日葵系列等。

1888 年
72.4cm×91.3cm
布面油画

画面中，这间虽然不大却很漂亮的卧室充满了各种颜色。这个色彩斑斓的卧室的每一个角落，都被凡·高用橙黄色、米黄色、红色、绿色，还有浅蓝色，仔仔细细地描绘了出来。既使是挂在墙壁上的几幅小尺寸的油画，也能够看清楚。浅蓝色的墙壁搭配着橙黄色的床，带给人昏昏欲睡的感觉。这个狭小而简洁的房间，因桌上摆放的一些瓶瓶罐罐而显得格外温馨。仔细观察，你会发现画面中的色彩涂抹得并不均匀，大块大块堆积在画布上的颜料让房间里的每件物品都充满厚重感。

可是，你们发现了吗，这间卧室似乎是倾斜的。为什么会这样呢？

凡·高想把画中的每件家具都表现出来，清清楚楚地展现在大家眼前，因此他并没有完全按照透视法来画。靠近窗户、带抽屉的小桌子，小到只能放下日常生活用的瓶瓶罐罐。椅面严重倾斜，仿佛人一坐上去就会滑下来。他给了每件物品单独的灵魂，而厚实的色块更是让每一件家具都有着单独的完整性。房间中所有的东西都受到了同等重视，无论是不是看起来像它们真正的样子，画家都已经将自己的生活和心中卧室的样子表现了出来。

冬日来临，树上的叶子逐渐变黄、掉落。凡·高在家中创作，他专注于画自己的卧室，仔细描绘房间里的每一件物品，这样的绘画恰好可以满足他起初对"家"的想象。"家"对凡·高来说似乎有着特殊的意义。与大多数人一样，他也渴望拥有温馨的家庭，也期待和自己的画家朋友们组建"艺术家之家"。在寄给提奥的信中，凡·高几次三番地描述了自己心中的这间卧室应该怎样画，还画了相应的速写草稿附在信里。最终，

靠近窗户、带抽屉的小桌子，小到只能放下日常生活用的瓶瓶罐罐

椅面严重倾斜，仿佛人一坐上去就会滑下来

凡·高决定将原本白色的家具都涂成他喜爱的暖黄色。1888 年至 1889 年间，凡·高先后绘制了三幅《卧室》。藏于阿姆斯特丹凡·高博物馆的这幅《卧室》绘于 1888 年。另外两幅完成于 1889 年，分别藏于芝加哥艺术博物馆与巴黎奥赛美术馆。

小链接

透视法的发明是西方绘画中一个重要的里程碑。人物的大小、远近不再只是根据其在画面故事中的重要程度来安排。简单地说，透视法是一种将三维空间呈现于二维平面画布上的绘画技法。对比此前像"纸片人"一样的直白再现，这样的画法会让人物和场景更加立体。如今，透视法已经成为学习素描与色彩的基础。

不过，印象派的画家们并不会严格按照透视法的标准来作画，他们更在意的是色彩。因此，我们会感觉凡·高的卧室是倾斜的。显然，凡·高没有刻意追求准确的透视效果，他所注重的只是自身的感受。

卧室（第二版）
文森特·威廉·凡·高
1889 年　72cm×90cm　布面油画
藏于芝加哥艺术博物馆

卧室（第三版）
文森特·威廉·凡·高
1889 年　57.5cm×74cm　布面油画
藏于巴黎奥赛美术馆

静物：向日葵

文森特·威廉·凡·高（1853—1890），荷兰后印象派画家。代表作有《星夜》、自画像系列、向日葵系列等。

1889 年
95cm×73cm
布面油画

画面中，这束盛开在冬日的向日葵，形态各异，金光闪耀。金黄色的向日葵并没有融进鹅黄色的背景中，反而在相近颜色的衬托下更加惹人注目。这些都体现了凡·高的绘画技巧和用色手法。凡·高用富有张力的线条刻画出每一朵向日葵，它们形态不同，却绽放着火焰一般的生命力。

我们都知道向日葵是绽放在夏季的花朵。而专注于写实的凡·高为什么要在冬季画向日葵呢？

这是因为在那一年的冬天，凡·高因为身体欠佳住进了当地的医院，室外严寒，他不能再外出写生作画。就像他说的那样，如此热爱花花草草的他，到了冬天就只好靠想象力来画静物。住院期间，他仍然没有停止画画。这幅创作于 1889 年的《静物：向日葵》，是他对自己以前所画的向日葵的临摹。正如凡·高在信中所说，向日葵是属于他的花，"这是爱的最强光"。无论境况如何，他都不会放弃希望。

"这些花卉静物越来越被看作其标志性的作品。""在今天看来，向日葵系列无可辩驳地成为世界上最著名的艺术作品之一。"这些盛开的向日葵犹如跳动的火焰，让我们可以感受到凡·高对生活的无比热爱。最终，这一束带着希望的向日葵成为后人心目中凡·高绘画的典型意象。

静物画是绘画中的一个类别。在西方绘画历史上，静物画在很长一段时间里都只是次门类，而让位于宗教画和肖像画等。直至 17 世纪，荷兰的画家们将视线转向平凡生活中的事物，静物画才由此盛行起来。

盛开的向日葵犹如跳动的火焰

静物画以追求写实、逼真和客观再现为主。但静物画并非仅仅是对自然物体的反映，有的也会流露出画家深切的情感。凡·高的静物画尤其可见一斑。

在凡·高的笔下，所有静物与人物都饱含着他们特有的情感，向日葵也不例外。提到凡·高的作品，最常被后世提及的要数向日葵系列了。凡·高曾画过七幅不同的《向日葵》，每幅画中的向日葵的数目都不一样。试着数数看，藏于阿姆斯特丹凡·高博物馆和伦敦国家美术馆的这两幅《向日葵》分别画了几朵向日葵。

金黄色的向日葵并没有融进鹅黄色的背景中，反而更加惹人注目

形态各异、金光闪耀的向日葵

→ 向日葵
文森特·威廉·凡·高
1888 年　92.1cm×73cm　布面油画
藏于伦敦国家美术馆

麦田里的收割者

文森特·威廉·凡·高（1853—1890），荷兰后印象派画家。代表作有《星夜》、自画像系列、向日葵系列等。

1889 年
73.2cm×92.7cm
布面油画

画面中，烈日当头，手举镰刀的收割者正在麦田中忙碌。连绵起伏的蓝紫色山脉，因颜色深浅不同而层次分明。独特的粗犷笔触描绘的麦浪看起来像天空中翻滚的云朵。在这幅画中，太阳的金黄色光芒照射在麦田上，从左到右，颜色变得越来越浅。对于收割麦穗的人，画家并没有进行细致的刻画，而是简简单单地用几笔精准的线条将他的动作定格。

这一年，凡·高的身体和生活都有了很大的变化。弟弟提奥在 4 月份结婚了。而凡·高的身体状况却越来越差，他每天都独自在医院度过，开始思考生命和自己的人生。麦田系列作品就是在这种情形下画出来的。

这些作品看起来好像只是在描绘真实的自然景色，却饱含着凡·高对人生的别样感悟。在他看来，谷物从播种到收割就像人从出生到去世的生命历程。因此，收割被比喻为生命的尽头。可是在这幅画里，我们丝毫看不到凡·高面对生命尽头时的悲伤。与其他的作品一样，他选择让一切景物都沐浴在灿烂的金色阳光里。

除了向日葵外，播种与收割也是凡·高后期作品的重要主题。或许是受米勒影响，凡·高对于描绘田间劳作的农民形象一直都非常着迷。除了这幅画，他还画了很多在丰收时节辛勤劳动的人物画像。其中，《播种者》与这幅《麦田里的收割者》相呼应。对写实理念的执着和对内心情感的观照，都让凡·高在这段难熬的日子里将自己的希望寄托在画中。凡·高对绘画、对生活、对生命一直都充满热情，这种热情透过灿烂的金色从画面中溢了出来。

烈日当头，手举镰刀的收割者正在麦田中忙碌

小链接

　　写实主义是西方兴起于19世纪的美术思潮。顾名思义，写实主义就是忠于对现实的描绘，主题多以田园风光为主。代表画派即为法国的巴比松画派，其中最著名的两位写实主义艺术家是泰奥尔多·卢梭和让－弗朗索瓦·米勒。卢梭主攻风景绘画，米勒则善于刻画朴实的农民和农村生活。作为这个流派的代表画家之一，米勒的代表作有《拾穗者》《播种者》。凡·高在普罗旺斯的农民身上看到了米勒画中人物的影子，启发了他的创作。1889年秋，在这段被凡·高称为"翻译作品"的时期，他临摹了米勒等前辈艺术家的作品，为他自己的麦田系列带来无限灵感。凡·高也一直以米勒为榜样，激励自己在绘画技法上不断钻研和探索。

播种者
让－弗朗索瓦·米勒
1850年　101.6cm×82.6cm
布面油画
藏于波士顿美术博物馆

拾穗者
让－弗朗索瓦·米勒
1857 年　84cm×111cm
布面油画
藏于巴黎奥赛美术馆

手持镰刀的农民（临摹自米勒作品）
文森特·威廉·凡·高
1889 年　44cm×33cm
布面油画
藏于阿姆斯特丹凡·高博物馆

捆秸秆的农民（临摹自米勒作品）
文森特·威廉·凡·高
1889 年　44.5cm×33.1cm　布面油画
藏于阿姆斯特丹凡·高博物馆

盛开的杏花

文森特·威廉·凡·高（1853—1890），荷兰后印象派画家。代表作有《星夜》、自画像系列、向日葵系列等。

1890 年

73.3cm×92.4cm

布面油画

盛开在蓝色天空下的杏花，带来了春天的气息。这幅画的画面以冷色调为主，画面中没有实际的背景，也没有对自然环境的描绘。画中的杏树仿佛是从大自然的风景中不经意剪下来的，白色花瓣搭配红色的外轮廓，分外好看。遒劲有力的枝干由近及远逐渐变细，由此看得出来这是一棵高大的杏树。画家作画时需要抬起头仔细观察。

这幅画除了具备凡·高的独特风格，那表现花朵与枝干的方式还隐约带着一些日本浮世绘的痕迹。稍稍退远一点儿来看，真的太美了，不是吗？

比起画面的内容，更值得一提的是，这幅唯美的杏花是凡·高为庆祝小侄子降生而作的。在这幅画中，我们看不到一点儿忧虑和怀疑的意味，有的是全然的喜悦和美好，这在凡·高以前的作品中几乎是没有的。在一封写给母亲的信中，凡·高说按捺不住高兴的心情，自己要为小侄子的婴儿房画一张大幅的杏花。

和早期画的那些开满鲜花的树相比，这幅画中的每一朵杏花、每一条枝干，都被刻画得格外细致。凡·高画完这幅画后就病倒了，原本想趁着花期再画第二幅、第三幅的计划落空了。但这棵含苞待放、生气勃勃的杏树，无疑为他这个系列的作品画上了完满的句号。

据说，刚刚出生的小侄子文森特会"出神地"望着这幅画。这对倾尽全力的凡·高来说或许是最好的安慰。

在创作《盛开的杏花》之前，凡·高忍受着病痛的折磨，坚持作画。1890

年，凡·高携自己的多幅作品参加布鲁塞尔的艺术作品展览。尽管人们对他的作品褒贬不一，但他还是获得了部分评论家的赞许。在展览中，他售出了一幅名为《红色的葡萄园》的画作，这是凡·高有生之年售出的唯一一幅作品。这一年，凡·高的绘画技艺与艺术理念终于得到了些许肯定，而《盛开的杏花》正是在这样的背景下诞生的。

不只是《盛开的杏花》，阿姆斯特丹凡·高博物馆还收藏着凡·高在1888年夏天画的几张花卉"肖像"。一起来看一看，你更喜欢哪一幅。

白色的花瓣搭配红色的外轮廓，分外好看

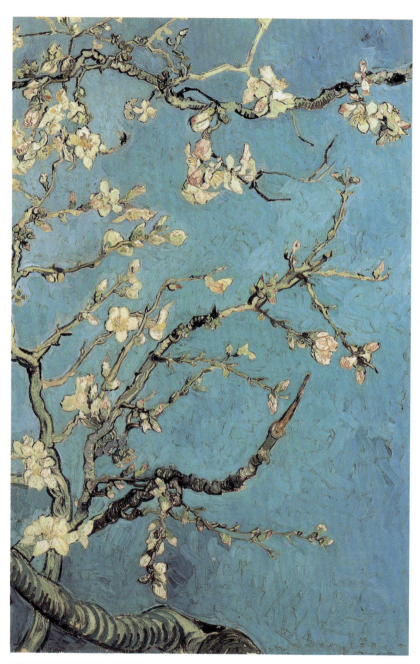

遒劲有力的枝干由近及远逐渐变细

红色的葡萄园
文森特·威廉·凡·高
1888 年　75cm×93cm　布面油画
藏于莫斯科普希金博物馆

桃树
文森特·威廉·凡·高
1888 年　80.9cm×60.2cm　布面油画
藏于阿姆斯特丹凡·高博物馆

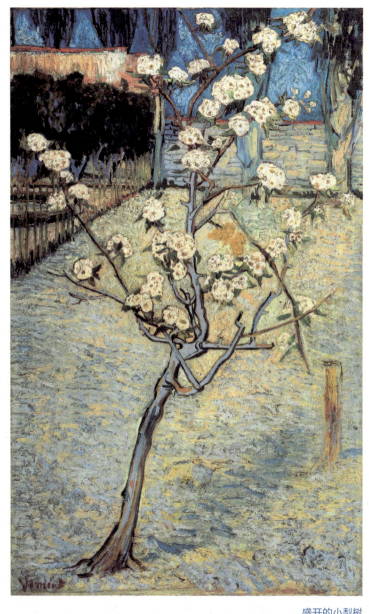

盛开的小梨树
文森特·威廉·凡·高
1888 年　73.6cm×46.3cm　布面油画
藏于阿姆斯特丹凡·高博物馆